BANQUET

DONNÉ

SOUS LA PRÉSIDENCE DE M. ARCHAMBAULT

Ex-piqueur de l'Empereur à Sainte-Hélène.

16, ROND-POINT DE L'ÉTOILE.

PARIS,

IMPRIMERIE SCHNEIDER, RUE D'ERFURTH, 1.

—

1851.

M. Archambault, président du Banquet:

AUX DIX ET QUINZE DÉCEMBRE!

—

M. Plocq de Bertier :

AU PRINCE LOUIS-NAPOLÉON !

—

M. Chibeaux :

AU DIX DÉCEMBRE !

—

M. Langlois :

A L'ARMÉE !

—

M. Adolphe Chautard :

AU DEUX DÉCEMBRE !

—

M. Louis Couture :

AU SUFFRAGE UNIVERSEL !

—

M. Marandet :

AU MOIS DE DÉCEMBRE !

—

M. Rapetti, commissaire du Banquet :

A LOUIS-NAPOLÉON BONAPARTE !

—

Vers envoyés par madame Plocq de Bertier :

AU SAUVEUR DE LA FRANCE !

—

M. Ottaviani :

LE 2 DÉCEMBRE 1851.

—

LE CAPTIF ET LES ENFANTS !

Couplets chantés par M. Napoléon Vinck, filleul de l'Empereur.

—

M. Leroy :

LES VIEUX DE LA VIEILLE ! (Chanson.)

—

Le banquet dont nous publions les toasts a été donné le 10 décembre 1851,
dans les salons de M. Thomain, 16, Rond-Point de la barrière de l'Étoile. La
salle était ornée de nombreux trophées, au milieu desquels on remarquait
des écussons qui rappelaient les plus glorieux souvenirs de l'Empire : Arcole,
Rivoli, Aboukir, les Pyramides, Marengo, Austerlitz, Iéna, Eylau, Friedland,
Wagram, la Moskowa, etc., etc. Deux magnifiques bustes de l'Empereur et du
prince Louis-Napoléon, entourés de drapeaux tricolores, ornaient le milieu de
la salle et semblaient présider cette fête, où le plus vif enthousiasme s'est
constamment allié à l'ordre le plus parfait.

Une feuille du soir, le *Moniteur parisien*, a donné les détails suivants :

« L'anniversaire du 10 décembre vient d'être célébré, avec un rare enthousiasme, dans une réunion tenue hier au soir, sous la présidence de l'honorable
M. Archambault, au Rond-Point de l'Étoile, 16, chez Thomain aîné, restaura-
teur. D'anciens militaires de l'Empire, officiers supérieurs et soldats, des sous-
officiers et soldats de la garnison de Paris, des commerçants, des artisans, des
hommes de lettres, des blessés du 4 décembre, composaient, au nombre de
cent à peu près, cette réunion, qui s'est montrée constamment animée des
sentiments les plus vifs et les plus généreux.

« Plusieurs toasts, ardemment accueillis, ont été prononcés par M. Archambault, président, Plocq de Bertier, Adolphe Chautard, Chibeaux, Sidot, Langlois,
Thibierge, Dauvergne, etc., etc. Le 10 *décembre* et ses espérances aujourd'hui
accomplies ; le 2 *décembre* et la France affranchie des factions ; l'*Armée* et sa
décision héroïque au service de l'ordre, etc., ont été naturellement les sujets
de ces discours.

« Un des orateurs, M. Louis Couture, a porté un toast au *suffrage universel*,
qui est la France elle-même dans son bon sens et sa liberté. Un autre orateur,
M. Marandet, a eu l'heureuse idée d'offrir, dans un toast au *mois de décembre*, une mention de tous les grands événements qui, depuis le commencement
de ce siècle, ont marqué ce mois napoléonien entre tous : les merveilleuses
créations, administratives et civiles, du Premier-Consul, le couronnement impérial, la bataille d'Austerlitz, la translation des cendres de l'Empereur à Paris,
l'élection de Louis-Napoléon à la présidence, etc., etc.

« Quelques toasts étaient en vers, et les couplets et refrains qui ont été enten-
dus en l'honneur de nos armes n'ont pas été médiocrement goûtés. On a surtout applaudi plusieurs couplets composés et chantés avec un entrain tout mi-

litaire par un maréchal des logis chef de la garde républicaine, M. Ottaviani, et puis encore d'autres couplets joyeux et touchants à la fois, dont les *vieux de la vieille* étaient les héros, et qui ont été chaleureusement chantés par M. Leroy, soldat légionnaire. La série des toasts politiques a été close par un discours de M. Rapetti sur Louis-Napoléon Bonaparte.

« La réunion s'est séparée en votant, par acclamation, des remercîments bien mérités à l'honorable président, M. Archambault, dont la vie est tout entière un acte de dévouement à la famille et à la cause napoléonienne.

« Le digne M. Livonges, commissaire de police de Neuilly, s'étant présenté à la réunion, a été invité à prendre place au banquet, et s'est vu constamment entouré des témoignages d'une respectueuse et cordiale déférence.... »

Voici la série des toasts qui ont été prononcés ; nous regrettons de ne pouvoir comprendre dans cette liste les discours de MM. Leroy et Dauvergne qui ont été improvisés, ainsi qu'un toast de M. Thibierge et des vers de MM. Sidot et Sezeyriat, dont le texte ne nous est pas parvenu en temps utile.

Le Commissaire du Banquet.

M. ARCHAMBAULT, président du Banquet :

AUX DIX ET QUINZE DÉCEMBRE !

MESSIEURS,

Il y aura onze ans, — dans cinq jours, — que nous rendions à Paris, — à la France, — les cendres de Napoléon.

Il y a aujourd'hui même trois ans — que les votes du peuple rendaient à la société moderne, replaçaient à la tête de l'État, le neveu, l'héritier de l'empereur.

Je veux ici, devant vous, avec vous, réunir dans un même toast le 15 décembre 1840, et le 10 décembre 1848.

Buvons, messieurs :

AU RETOUR DES CENDRES DE L'EMPEREUR ! A L'ÉLECTION DU 10 DÉCEMBRE !

(Applaudissements prolongés.)

M. PLOCQ DE BERTIER :

AU PRINCE LOUIS-NAPOLÉON !

A la santé de notre bien-aimé prince Louis-Napoléon, qui vient de nous donner une preuve si éclatante d'énergie et de courage !

Sa politique digne et hardie est admirée et approuvée par tous les gens de bien, par tous ceux qui veulent l'honneur et la grandeur de notre pays.

Puisse le neveu de notre immortel Empereur réussir dans toutes ses nobles intentions! Puisse le vote universel, en le proclamant de nouveau l'Élu de la nation, le nommer comme nous : LE SAUVEUR DE LA FRANCE ! VIVE NAPOLÉON !!!

(Vive Napoléon ! — Applaudissements.)

M. A. CHIBEAUX-BOUTON :

AU DIX DÉCEMBRE !

MESSIEURS,

En venant porter un toast à ce jour anniversaire du DIX DÉCEMBRE, je réclame tout d'abord votre indulgence pour la forme dans laquelle je vais exprimer les sentiments patriotiques que ce jour inspire à tous les cœurs français.

C'est au DIX DÉCEMBRE, il y a trois ans, que la France, débarrassée d'indignes entraves, s'est levée pour aller déposer dans l'urne du suffrage universel ce nom qui a retenti dans le monde entier.

Et aujourd'hui, nous pouvons nous le demander, au DIX DÉCEMBRE 1848, nous sommes-nous trompés? (Cris dans l'auditoire : Non ! non!)

La France entière, aujourd'hui, répond comme vous tous : Non ! non!

Qu'elle soit bénie la Révolution qui a ouvert à Louis-Napoléon Bonaparte les portes de la France !

Exilé, notre prince avait sans cesse, tournés vers la France, et ses yeux et son cœur.

Captif, il se trouvait heureux de respirer au moins l'air du sol de la patrie. Héritier du grand Napoléon, notre prince avait préféré la captivité de Ham au partage et à l'occupation d'un trône sur une terre étrangère.

Plus tard, il a dû supporter, pendant trois ans, les atteintes de deux Assemblées, de deux fausses représentations de la volonté nationale.

Et pourquoi? Parce que son nom, symbole de gloire, d'ordre et de liberté, épouvante et désespère à la fois les hommes de l'anarchie et les hommes des monarchies remplacées.

Je ne vous dirai rien de ces coalitions, de ces ligues dont, depuis trois années, notre prince est le but. Quelles attaques n'a-t-il pas eu à contenir, à repousser? Quelles ruses, quelles intrigues n'a-t-il pas eu à déjouer? Et cependant, c'est au milieu de ces embarras que notre prince a conçu, accompli, ce grand acte par lequel toutes les conséquences des fautes de ces dernières années se trouvent tout d'un coup conjurées. (Applaudissements.)

Gloire à vous, qui êtes restés fidèles à la France en restant fidèles au prince Louis-Napoléon ! Gloire à vous tous, généraux, officiers, sous-officiers et soldats, qui venez de sauver l'ordre, la civilisation en France et dans l'Europe ! (Applaudissements.)

Gloire surtout à vous, Prince, qui êtes appelé aujourd'hui, à si juste titre, le

SAUVEUR DE LA FRANCE. Vous serez l'appui des faibles et des pauvres. La France entière vous bénit et répète avec moi ;

VIVE LOUIS-NAPOLÉON ! VIVE LE SAUVEUR DE LA FRANCE !

(Vive Louis-Napoléon ! — Applaudissements.)

M. LANGLOIS :

A L'ARMÉE !

L'armée, à laquelle beaucoup d'entre nous appartiennent par les souvenirs et par le cœur, vient, comme toujours, de se montrer la digne émule de celle qui combattait, avec tant de gloire, sous les ordres du plus grand homme des temps modernes.

L'une a fait l'admiration du monde, l'autre, non moins brave, non moins dévouée, a sauvé la France et acquis des droits à la reconnaissance de l'Europe, en broyant l'hydre révolutionnaire qui la menaçait. Honneur à elle ! mais aussi, honneur au prince, digne héritier du grand Napoléon qui, plein de confiance en son patriotisme, l'a appelée à l'honneur périlleux de vaincre les ennemis de notre chère et belle patrie, cette noble France qui, dans son enthousiasme, répète avec bonheur ces mots prophétiques : « La France ne périra pas dans mes mains, » inspiration toute providentielle qui résumait une tâche immense, accomplie avec une sagesse et une vigueur dignes du nom deux fois glorieux de Napoléon.

Heureux du triomphe de notre jeune et belle armée, je porte un toast en son honneur.

A NOS INTRÉPIDES SOLDATS ! A NOTRE INVINCIBLE ARMÉE !

(Applaudissements.)

M. ADOLPHE CHAUTARD :

AU DEUX DÉCEMBRE !

MESSIEURS,

De tous les hommes que le volcan de 1848 a lancés au milieu de l'arène politique, nul n'a si bien compris la haute mission qu'il était appelé à remplir, que le prince Louis-Napoléon Bonaparte. Lui seul a vu qu'au-dessus de lui-même, au-dessus des partis, en dehors des coteries, il est une chose grande, une chose sacrée, la France... la France, que les ambitions personnelles et les utopies irréfléchies avaient déjà poussée dans l'abîme, si, dédaignant les calomnies d'en haut et les injures d'en bas, il n'avait marché dans sa force et sa justice, le front calme et la main sûre, vers le but que lui assignait la Providence, en écrasant sous son génie politique l'anarchie qui menaçait le monde.

Oui, en balayant une assemblée de rhéteurs en délire, et en comprimant l'émeute, Louis-Napoléon a sauvé la France, et, pour accomplir cette œuvre immense, pour exécuter ce nouveau brumaire gigantesque, ce digne neveu du grand général n'a eu qu'à dire à la nouvelle Convention : « Disparaissez; » et à l'émeute : « Rentrez sous la dalle des rues. »

Tout a été fait !...

Aujourd'hui, il n'est pas un Français de cœur, il n'est pas un vrai patriote, qui n'applaudisse à l'énergique mesure du 2 décembre et ne dise que le prince Louis-Napoléon a dignement célébré l'approche du troisième anniversaire de son élection présidentielle.

Oui, noble prince, tu peux crier à la France, comme le vieux Romain au peuple et au sénat de Rome : « Allons remercier les dieux d'avoir sauvé la patrie ! »

Permettez-moi, messieurs, d'ajouter :

A L'UNION CONSTANTE DE LA FAMILLE DU GRAND EMPEREUR !

(Vive adhésion !)

M. LOUIS COUTURE :

AU SUFFRAGE UNIVERSEL

QUE VIENT DE NOUS RENDRE LOUIS-NAPOLÉON BONAPARTE !

MESSIEURS,

Pour juger le grand acte du 2 décembre dans toute sa grandeur, songeons que le suffrage universel n'est pas seulement la première conquête de la Révolution de 89 : le suffrage universel est plus que cela, c'est cette Révolution tout entière.

Quelle fut, en effet, l'œuvre de nos pères à la fin du siècle dernier ? A l'ordre s'appuyant sur la double inégalité des anciennes classes et des priviléges provinciaux, ils ont substitué, grâce aux progrès de l'autorité centrale, l'ordre s'appuyant sur l'égalité politique de tous. Or, messieurs, qu'est-ce que le suffrage universel, sinon l'égalité politique de tous ?

Ce sont les Bourbons, comme vous le savez tous, messieurs, qui, en 1815, le peuple étant vaincu par l'étranger, ont détruit le suffrage universel pour mettre à sa place le suffrage des censitaires. Il importe de bien comprendre ce qu'ont fait alors les Bourbons, et surtout pourquoi ils l'ont fait.

Vaincus dans la lutte démocratique de 89, ils ne pouvaient demander leur force à la démocratie ; rentrant avec les étrangers, ils ne pouvaient pas davantage faire appel à l'esprit de nationalité. Placés ainsi en dehors des sentiments généraux et généreux, — ce qui, vu de haut, revient presque toujours au même, — les Bourbons ne pouvaient que s'adresser aux intérêts matériels, à l'intérêt individuel ; ils ne pouvaient faire que ce qu'ils ont fait ; ils ne pouvaient que répudier le suffrage universel et créer les censitaires.

Les hommes de 1815, il est vrai, ne voyaient pas que, dans la société telle que nous l'a faite 89, dans cette société où aucune situation économique n'est garantie de l'instabilité, l'intérêt individuel, l'esprit de famille, n'a pas le temps de devenir de l'esprit politique. Ces hommes n'ont pas vu que créer les censitaires, c'était faire appel à l'égoïsme sans intelligence. Plus tard, aussi, reconnaissant leur faute, fuyant devant l'impossible, ils sont allés jusqu'à l'absurde : ils sont allés jusqu'à essayer de rétablir le droit d'aînesse, ne s'apercevant pas alors, messieurs, que, pour organiser le système des censitaires, ils allaient nier 89 lui-même, c'est-à-dire la société moderne (Sensation).

Permettez-moi de vous rappeler un fait, un seul fait de cette triste époque, car il montre peut-être mieux que tous les autres comment les Bourbons, depuis 1815, ont toujours été réduits à imposer silence aux sentiments généraux, à ne laisser la parole qu'aux intérêts individuels. Les Bourbons, en effet, faisaient-ils autre chose, quand ils défendaient à l'armée, et cela pour la première fois dans l'histoire de France, de crier sous les armes ? ils savaient que, si l'officier peut conserver son grade au prix de son silence, il n'y avait aucun intérêt qui pût empêcher le soldat, c'est-à-dire le peuple en uniforme, de mettre sur ses lèvres ce qu'il avait au fond de l'âme : le cri de vive l'Empereur ! Mais alors la défense du cri sous les armes ne sortait-elle pas clairement de la même pensée, de la même nécessité qui avait proscrit le suffrage universel ? Constatons-le ici, messieurs, c'est important, l'ordonnance des Bourbons, c'était le système des censitaires introduit dans l'armée. Mais constatons surtout, c'est plus important encore, que ceux qui dernièrement sont allés rechercher dans des temps malheureux cette ordonnance de funeste origine, se préparaient à défendre de nouveau une cause bourbonnienne (Rires et adhésion).

A la vérité, les impuissants qui regrettent les censitaires, les adversaires du suffrage universel, prétendent que l'opinion publique est changeante, et que donner pour base au pouvoir l'opinion publique, le suffrage universel, c'est asseoir le pouvoir sur l'instabilité même.

Ces gens-là oublient que, depuis cinquante ans, le peuple a été quatre fois appelé à élire le chef de l'Etat, et que quatre fois, — en 1802, en 1804, en 1815, en 1848, — un Bonaparte a été placé par le peuple à la tête de l'Etat. Ils oublient également que, depuis cinquante ans, toute émeute, toute insurrection qui a réussi, — en 1815, l'année de la fuite à Gand, en 1830, en 1848, — s'appuyait sur l'impopularité des Bourbons pour chasser un Bourbon.

Où donc trouver dans tous ces grands événements de ce dernier siècle la preuve de l'instabilité du peuple ? N'appelle-t-il pas toujours ceux-ci ; ne chasse-t-il pas toujours ceux-là ? Messieurs, les aveugles seuls ne voient pas là où le jour vient de finir, là où le soleil se lève !

Electeurs du 10 décembre, buvons en toute confiance au *suffrage universel !*

(Acclamations, applaudissements.)

M. MARANDET :

AU MOIS DE DÉCEMBRE!

MESSIEURS,

La gloire de Napoléon est tellement grande, qu'il n'est pas un des jours de l'année qui ne soit marqué par un de ses hauts faits. Mais les jours du mois où nous sommes, du mois de décembre, semblent être privilégiés parmi tous les autres.

C'est le 13 décembre 1799, comme vous le savez tous, messieurs, que la France, effrayée du dehors, inquiète du dedans, remit ses destinées entre les mains du vainqueur d'Arcole et de Rivoli, d'Aboukir et des Pyramides, entre les mains du Premier-Consul. Eh bien ! ce mois de décembre n'était pas écoulé, que le Premier-Consul avait créé la régularité dans les finances, dans la justice, dans l'administration ; il allait jeter les fondements de l'égalité, en établissant le Code civil. La France, sous l'impulsion de ce génie créateur, sortait de l'anarchie et de son affaissement pour commencer cette ère de gloire et de prospérité qui devait exciter l'envie et l'admiration de l'Europe. Le Consulat est resté, pour tous les vrais patriotes, l'emblème le plus pur de la Révolution, une des plus grandes pages de notre histoire.

Le 2 décembre 1804, la France offrait au monde le spectacle le plus magnifique des temps modernes : c'était le jour du sacre ! le pape avait quitté la capitale du monde chrétien, pour venir ajouter la sanction céleste au consentement du peuple.

Le 2 décembre 1805, l'empereur allait, sur le champ de bataille, célébrer l'anniversaire de son couronnement : « Soldats, disait-il, souvenez-vous que « cette bataille doit être un combat de géants. Il faut finir par un coup de ton- « nerre, et apprendre au monde que vous n'avez pas de rivaux. » C'était Austerlitz ; le soir, l'armée russe était anéantie, l'Empire d'Allemagne allait cesser d'exister, 45 drapeaux, 100 pièces de canon tombaient en notre pouvoir.

Le 15 décembre 1840, la France était sous la puissance d'un souvenir prestigieux, du Nord au Midi, des grèves de la Bretagne aux chaumières des Alpes ; la grande nouvelle avait eu la rapidité de l'éclair. Les cendres du grand Empereur venaient de traverser l'Océan pour reposer, selon son dernier vœu, sur les bords de la Seine ; après vingt-cinq ans, enfin, le drapeau tricolore ombrageait son cercueil ; mais les aigles n'y étaient pas ; son héritier, celui qui avait reçu à l'Élysée ses dernières caresses, était captif sur le sol français.... il ne put apercevoir que le rayon de soleil qui éclairait ses funérailles..... (Sensation, applaudissements.)

Enfin, le 10 décembre 1848, pour la première fois depuis 33 ans, la France est appelée à choisir le chef de l'État, et, comme en 1802, 1804, 1815, le nom d'un Bonaparte est acclamé par six millions de suffrages.

Je n'en ai pas encore fini avec cette glorieuse histoire du grand mois de l'ère moderne. Le 2 décembre 1851, anniversaire du sacre impérial et de la bataille d'Austerlitz, le héros de la fête que nous célébrons en ce moment, Louis-Napoléon, dispersant devant lui les vieux partis, leurs factions, leurs intrigues, rend à la France la libre disposition de ses augustes destinées. Ai-je besoin de vous dire, messieurs, qu'à toutes ces dates du mois où nous sommes, dans un an, nous aurons à ajouter les deux journées du grand vote populaire du 20 et du 21 décembre !

Buvons, messieurs, au mois napoléonien par-dessus tous les autres, buvons :

AU MOIS DE DÉCEMBRE !

(Vifs applaudissements.)

M. RAPETTI, commissaire du Banquet :

A LOUIS-NAPOLÉON BONAPARTE !

MESSIEURS,

Souvenez-vous de ce qu'était la situation politique, il y a quelques jours à peine : — trois millions de citoyens indûment exclus du suffrage universel ; le pétitionnement pour la révision, le vœu de deux millions de citoyens repoussé, non avenu ; à la place de la France, de sa volonté méconnue, de sa souveraineté mutilée, un pouvoir unique maîtrisant tout, arrêtant tout par son droit suprême d'initiative et de contrôle, et ce pouvoir, l'Assemblée, tombé à la merci d'une majorité qui n'était elle-même qu'une coalition de partis vaincus, rejetés ; l'air tout chargé de projets sinistres hautement avoués ; l'épouvante dans toutes les âmes ; l'incertitude, la menace sur toutes les existences !... — et voici, dans cette position effroyable, quelle était la possibilité qui, seule, se présentât à nos esprits. Etait-ce une solution quelconque ? Non, ce n'était pas une solution quelconque : c'étaient six mois de discussions, de défis, de luttes, de périls extrêmes incessamment entrevus ; une cessation générale des affaires, une gêne, une misère universelle ; puis, tandis que tous les pouvoirs s'abîmaient à la fois, à jour fixe, toutes les espérances perverses, toutes les représailles, toutes les revendications se levant ensemble au même moment, d'avance annoncé, impatiemment attendu ; les 400,000 hommes de notre armée, occupés dans nos capitales, ne suffisant pas à fournir des contingents assez forts pour empêcher, autour de trois mille urnes électorales, trois mille combats simultanément engagés ; l'orléanisme, le légitimisme, le socialisme, triomphant concurremment dans les différentes régions de la France, sous les influences locales les plus diverses ! — et les combats, les batailles recommençaient entre les partis s'échappant, reconstitués, avec des chefs nouveaux, des entrailles de la France en convulsion ; et le conflit était universel ; et le chaos accourait ; et la violence, la lassitude, l'intrigue, la misère toujours croissante, donnaient seules une issue aux derniers engagements, aux suprêmes furies de la guerre civile ; et la France avait un dictateur, le Hasard, — je dis le Hasard, cette forme brusque des apparitions de la colère, de la justice d'en haut, car je ne pense pas à ce qu'auraient pu tenter contre notre pays, sans gouvernement, sans administration, divisé, éperdu de douleur, les armées de l'Europe coalisée : quand ce cœur du monde, la France agonise, en Europe il n'est plus de peuples paisibles, plus d'États assis sur leurs bases, plus d'armées disponibles ; dans le monde entier de la civilisation, on n'attend plus que la mort !

Messieurs, nous pouvons désormais reléguer dans la région des rêves pénibles toute cette formidable vision qu'une réalité tout près de nous, hier encore, faisait peser sur nos consciences.

Il s'est levé, il s'est dégagé du mystère de sa profonde patience, ce prince à qui, un jour, il y a trois ans, nous avions remis notre salut ! Que faisait-il replié en lui-même, tandis que les partis hostiles régnaient dans l'Assemblée, s'emparaient de l'administration, de toutes les influences officielles, empoisonnaient l'air des vociférations de leur presse, proscrivaient toute idée comme toute personne bonapartiste et combinaient chaque chose pour leur triomphe immédiat ? Ce qu'il faisait ? Il maintenait l'ordre, il faisait concourir au maintien de l'ordre les efforts les plus divergents, les intentions les plus contraires ; il procurait à ce pays haletant un peu de répit ; et puis encore, il laissait se dévoiler, se discréditer, se perdre tous les partis. Mais cette œuvre, difficile à constater, demeurait secrète, invisible, pour les yeux de la multitude ; et la multitude, avec son invincible amour, n'avait pour se réconforter dans son espérance que ces rares apparitions où le captif de l'Élysée se montrait à nous impassible comme la force constante et sûre d'elle-même, et nous faisait entendre sa parole grave et ardente.

Alors, la pensée intérieure, cachée, rayonnait à travers le masque immobile de la contrainte. Il disait : *La France ne périra pas entre mes mains !* Et les multitudes émues se répétaient entre elles : « C'est bien lui ! Napoléon ! Il est au milieu de nous ; il nous assiste ; espérons ! »

Messieurs, dans une précédente allocution, au 15 août, j'ai eu l'honneur de vous adresser ces mots :

« Il y a quelqu'un d'auguste qui ne s'appartient pas en France, c'est la « France ! Nous avons des maîtres, et ces maîtres, les voici : ce sont les re- « grets, les folies, les impuissances, les impénitences finales de tous les vieux « partis. »

Messieurs, ces maîtres ne sont plus ; ils semblaient si menaçants ! d'un geste ils ont été dispersés, et la France, cette chère et vénérée patrie, pour l'avoir définitivement à leur discrétion en 1852, les vieux partis comptaient sur un égarement, sur une folie, sur une convulsion de l'extrême douleur ; la France, cette chère et vénérée patrie, elle est affranchie, elle est libre, elle peut disposer d'elle-même dans sa raison et dans sa liberté ! Bien des traits de nos annales contemporaines seront oubliés ; mais déjà dans notre histoire se grave en caractères ineffaçables, à la date du 2 décembre, cet acte profondément national et saint, par lequel la France a été rendue à elle-même avant le terme fatal où elle eût cessé de s'appartenir pour être le jouet, la conquête, la chance de toutes les ambitions désespérées, de toutes les folles et criminelles entreprises.

Messieurs, — *au prince Louis Napoléon Bonaparte !* à celui qui a tenu toutes nos espérances du 10 décembre 1848, au libérateur, au sauveur de la patrie !

Mme PLOCQ DE BERTIER (Vers envoyés par).

AU SAUVEUR DE LA FRANCE !

Il est à nous ! cet enfant de la France,
Fier descendant de l'illustre Empereur !
Il est à nous ! désormais sa puissance
De nos drapeaux protégera l'honneur.
Ne pleure plus, ô ma belle patrie,
Vois tous tes fils se lever à son nom...
Du grand héros la mémoire est chérie,
Et ton sauveur sera Napoléon !

Plus de terreur !... cette admirable fête
Doit dissiper tout sanglant souvenir ;
Ma noble France, oh ! relève la tête,
Le ciel te donne un brillant avenir !
De notre cœur s'efface la souffrance,
En proclamant Louis-Napoléon !
Le peuple entier renaît à l'espérance,
Et c'est d'amour que tonne le canon !

Et vous, soldats, dignes fils de la gloire,
Vous rentrerez dans les nobles sentiers ;
Ce jour pour vous est un jour de victoire,
La liberté se pare de lauriers !
Par votre honneur la discorde est flétrie,
Unissons-nous dans un même pardon !
Avec orgueil que notre voix s'écrie :
Vive à jamais Louis-Napoléon !

Tremblez, tyrans, despotes sanguinaires,
Respectez tous l'élu de notre choix,
Ou, de l'Europe ébranlant les barrières,
Vous nous verriez accourir à sa voix.
Comme jadis, du couchant à l'aurore,
Dans vos États portant son pavillon,
Chaque Français saurait mourir encore
Pour la patrie et pour Napoléon !

(Applaudissements.)

M. OTTAVIANI :

LE 2 DÉCEMBRE 1851.

Air : *Ils sont là-bas qui dorment, etc.*

Réveille-toi, noble et sainte patrie,
Voici venir l'éclat de ton soleil?
Va, jette au loin le drap d'ignominie.
O mon pays, pour toi quel beau réveil!
Unissons-nous au cri de délivrance,
Et répétons, dans notre noble ardeur,
Vive à jamais, vive à jamais la France !
Vive la France, et vive son Sauveur !

Entendez-vous jusques aux Pyramides,
Trembler d'effroi ces rois épouvantés;
Il dort pourtant, là-bas, aux Invalides,
Celui déjà qui les avait domptés.
Napoléon ranime l'espérance,
Et son grand nom fait battre notre cœur.

Vive à jamais, etc.

Ne craignez plus, soldats pleins de vaillance,
Que l'étranger ose nous avilir,
Car l'aigle est là qui plane sur la France ;
Malheur! malheur à qui l'ose flétrir ;
Nous saurons bien veiller à sa défense,
Elle a repris son antique valeur.

Vive à jamais, etc.

Respire enfin, ô pauvre prolétaire,
Car il connaît ta vie et tes douleurs ;
Dans sa prison, il pleurait ta misère,
Libre, au pouvoir, il séchera tes pleurs.
Comme le Christ, il calme la souffrance,
Il est pour toi l'ange consolateur.

Vive à jamais, etc.   (Vifs applaudissements.)

Unissons-nous, l'avenir nous appelle.
Rappelons-nous notre antique fierté,
Aux bons Français la devise fidèle :
Tout pour l'honneur et pour la liberté.

Si contre nous un ennemi s'avance,
Nous marcherons en répétant en chœur :
Vive à jamais, vive à jamais la France !
Vive la France, et vive son Sauveur.

(L'assistance a répété avec enthousiasme le refrain de chaque couplet.)

Couplets chantés par **M. NAPOLÉON VINCK**, filleul de l'empereur Napoléon :

LE CAPTIF ET LES ENFANTS.

DÉDIÉ AU PRINCE LOUIS-NAPOLÉON BONAPARTE.

Paroles de MM. Napoléon VINCK et Ernest AUBIN. — Musique de M. Napoléon VINCK.

REFRAIN.

Enfants, dansez sous ces ombrages,
En riant, passez vos beaux jours ;
Du sort que nous font les orages,
Riez, enfants, dansez toujours.

J'eus, comme vous, joyeuse enfance,
Un ciel doré, des gazons verts ;
Mais on perd tout, hors l'espérance,
Dans la solitude et les fers.

Riez, enfants, etc.

Nul chagrin, nulle peine amère,
Ne viendront jamais vous briser ;
Vous avez encor votre mère
Qui calme tout par un baiser.

Riez, enfants, etc.

Avec les fleurs de ma fenêtre
Et les oiseaux chantant là-bas,
Oh ! venez souvent m'apparaître,
Car vous seuls ne m'affligez pas.

Riez, enfants, etc.

Vingt ans d'exil et de souffrance,
N'ont pu changer ma volonté ;
Je suis captif,... mais c'est eu France,
Pour moi, c'est donc la liberté.

(Sensation.)

Enfants, dansez sous ces ombrages,
En riant, passez vos beaux jours ;
Du sort que nous font les orages,
Riez, enfants, dansez toujours !

(Applaudissements.)

M. LEROY :

LES VIEUX DE LA VIEILLE !

Lorsque le petit caporal,
  Avec son grand génie,
Alla, de son pas martial,
  Conquérir l'Italie ;
Qui sut, d'un mouvement hardi,
  Et sans baisser l'oreille,
Traverser le pont de Lodi ?
  C'est un vieux de la vieille.   } *bis.*

Un an plus tard, en Orient,
  Avec les intrépides,
Napoléon, comme un géant,
  Combat aux Pyramides ;
Des Pharaons le grand tombeau
  A sa voix se réveille.
Qui le pavoisa d'un drapeau ?
  C'est un vieux de la vieille.   } *bis.*

Mais, lorsqu'apparut aux Cinq-cents
  Le héros de Brumaire,
On vit des tribuns menaçants
  Le contraindre à se taire.
Sur lui, brillait le fer fatal,
  Mais un soldat surveille ;
Qui sut sauver son général ?
  C'est un vieux de la vieille,   } *bis.*

Napoléon, trahi du sort,
  Loin de sa cour brillante,
Sur un rocher trouva la mort
  Dans une longue attente.
Près du héros dans la douleur,
  Sans cesse, un ami veille,
Qui reste fidèle au malheur ?
  C'est un vieux de la vieille.   } *bis.*

Ce beau nom, partout respecté
  Dans notre belle France,
Le neveu saura le porter,
  J'en ai pleine confiance.
Ordre, travail, prospérité,
  Sont le fruit de ses veilles ;
Pour lui, tous, nous saurons marcher,
  Comm' les vieux de la vieille.   } *bis.*

(Vifs applaudissements.)

Paris. — Imprimerie SCHNEIDER, 4, rue d'Erfurth.